This Book Belongs To Page

Color Test Page

1- Brown 2- Gold 3- Rose 4- Gray 5- Light Green 6- Green

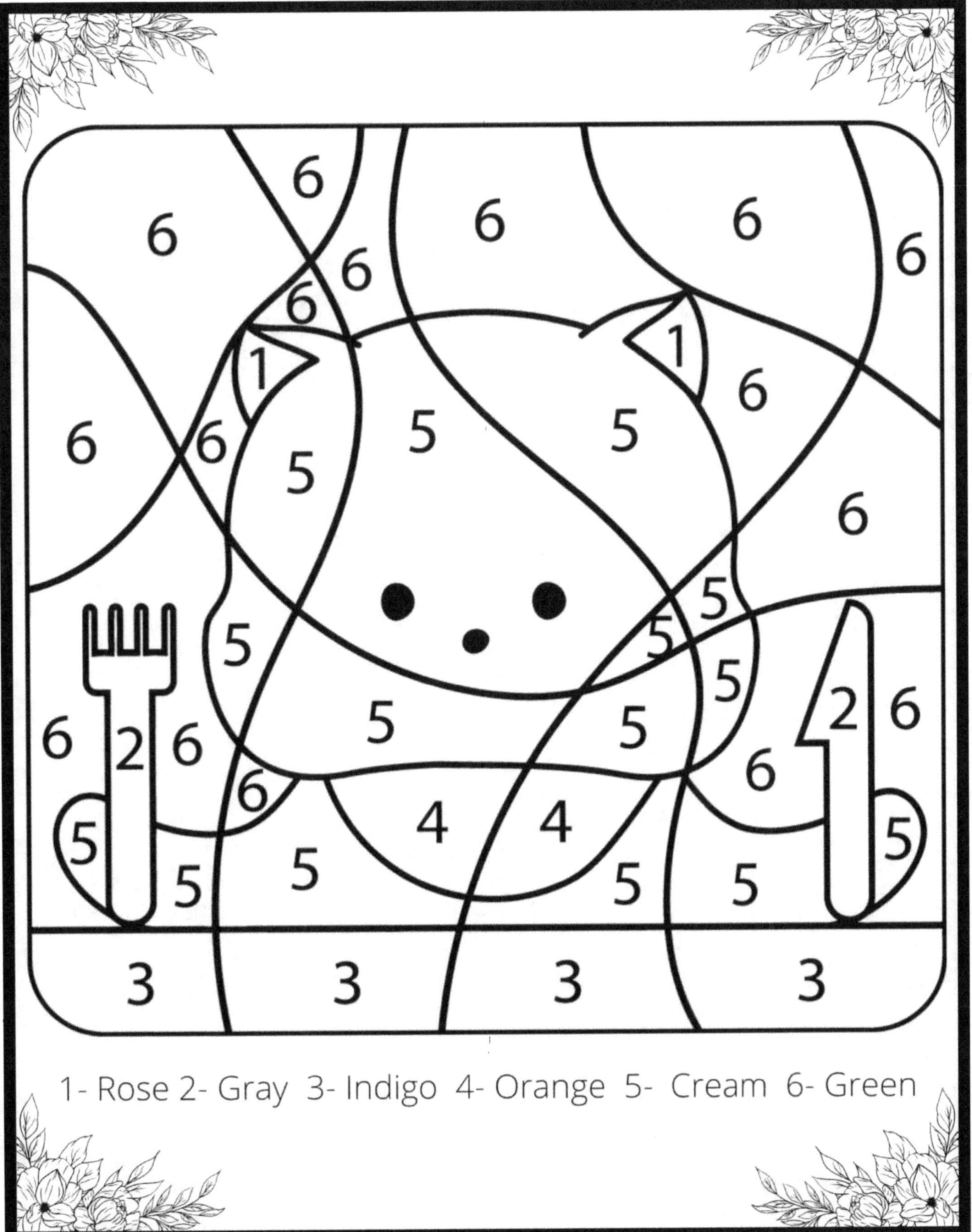

1- Rose 2- Gray 3- Indigo 4- Orange 5- Cream 6- Green

1- Dark Blue 2- Aqua 3- Orange 4- Green 5- Yellow 6- Blue

1- Aqua 2- Gray 3- Light Yellow 4- Green 5- Orange 6- Dark Gray

1- Green 2- Yellow 3- Red 4- Pink 5- Aqua 6- Rose

1- Green 2 - Pink 3- Aqua 4- Gray 5- Orange 6- Indigo

1- Green 2- Rose 3- Aqua 4- Red 5- Light Yellow 6-

1- Pink 2- Mauve 3- Yellow 4- Orange 5- Rose 6- Aqua

1- Aqua 2- Green 3- Yellow 4- Red 5- Navy Blue 6- Orange

1- Aqua 2- Light Green 3- Green 4- Light Yellow 5- Gray 6- Pink

1- Aqua 2- Navy Blue 3- Orange 4- Yellow 5- Green 6- Brown

1- Aqua 2- Yellow 3- Indigo 4- Red 5- Brown 6- Green

1- Pink 2- Rose 3- Aqua 4- Indigo 5- Yellow 6- Violet

1- Turquoise 2- Gold 3- Gray 4- Rose 5- Olive 6- Green

1- Green 2- Aqua 3- Yellow 4- Pink 5- Brown 6- Navy Blue

1- Aqua 2- Yellow 3- Green 4- Gray 5- Brown 6- Orange

1- Indigo 2- Yellow 3- Red 4- Charcoal 5- Aqua 6- Light Indigo

1- Blue 2- Rose 3- Yellow 4- Brown 5- Pink 6 - Aqua

1- Yellow 2- Red 3- Orange 4- Green 5- Rose 6- Aqua

1- Brown 2- Orange 3- Red 4- Yellow 5- Green 6- Light Green

1- Orange 2- Brown 3- Aqua 4- Light green 5- Red 6 - Light Yellow

1- Blue 2- Rose 3- Aqua 4- Cream 5- Yellow 6- Pink

1- Navy Blue 2- Light Green 3- light Yellow 4- Orange 5- Green 6- Aqua

1- Purple 2- Red 3- Light Yellow 4- Dark Grey 5- Light Green 6- Aqua

1- Yellow 2- Red 3- Orange 4- Turquoise 5- Green 6- Brown

1- Green 2- Pink 3- Cream 4- Red 5- Light Indigo 6- Aqua

1- Aqua 2- Black 3- Gold 4- Brown 5- Light Green 6-Green

1- Aqua 2- Blue 3- Orange 4- Yellow 5-Green 6- Light Pink

1- Mauve 2- Red 3- Brown 4- Rose 5- Dark Red 6- Light Green

1- Aqua 2- Rose 3- Turquoise 4- Light Yellow 5- Yellow 6- Pink

1- Light Yellow 2- Pink 3- Red 4- Orange 5- Aqua 6- Green

1- Aqua 2- Rose 3- Brown 4- Orange 5- Red 6- Green

1- Red 2- Pink 3- Green 4- Light Green 5- Yellow 6- Turquoise

1- Light Pink 2- Red 3- Brown 4- Green 5- Gold 6- Turquoise

1- Green 2- Aqua 3- Light Yellow 4- Orange 5- Rose 6- Pink

1- Brown 2- Blue 3- Aqua 4- Red 5- Rose 6- Light Pink

1- Gold 2- Grey 3- Pink 4- Green 5- Light Green 6- Aqua

1- Aqua 2- Light Indigo 3- Pink 4- Yellow 5- Red 6- Rse

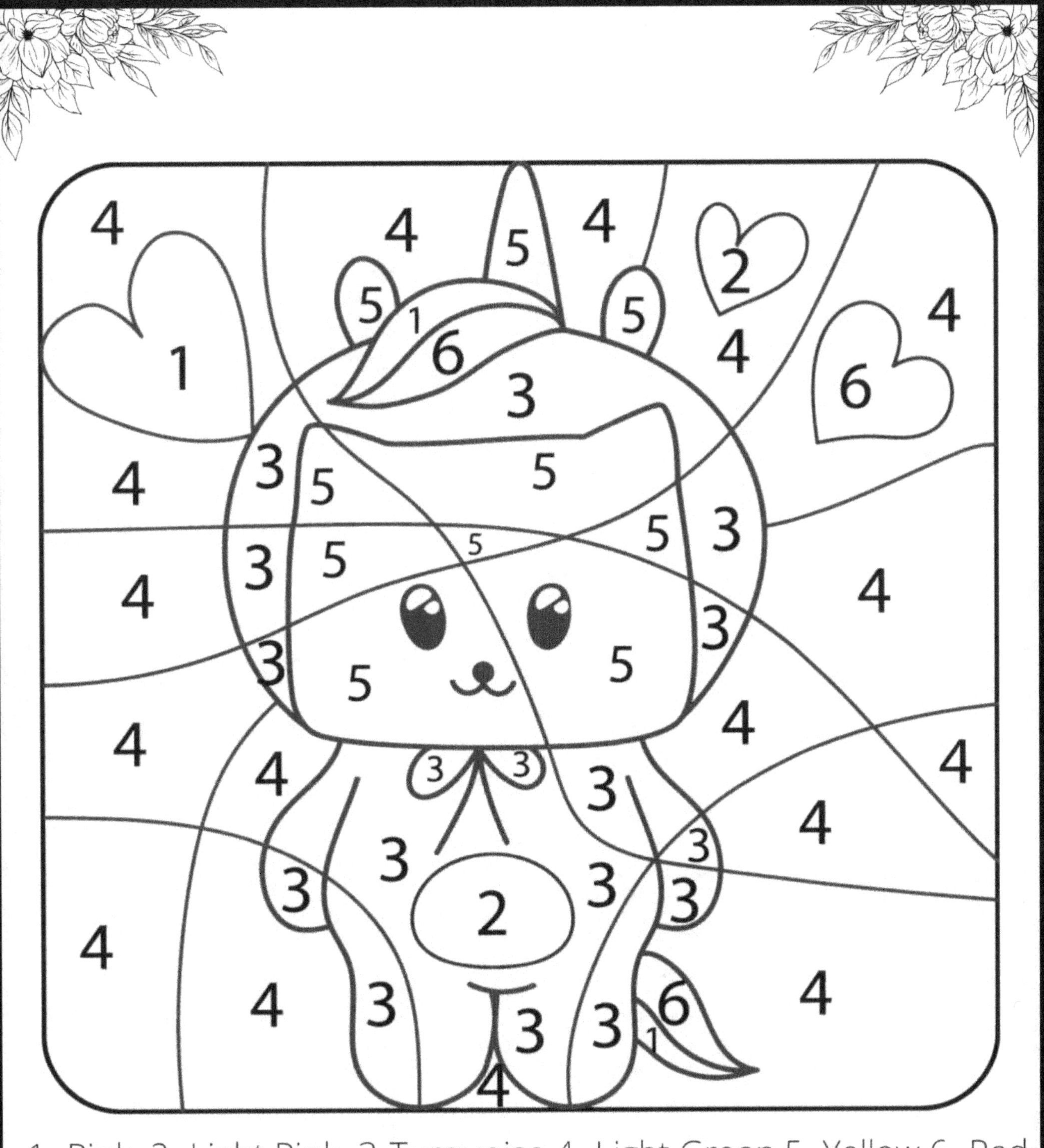

1- Pink 2- Light Pink 3-Turquoise 4- Light Green 5- Yellow 6- Red

1- Pink 2- Dark Grey 3- Light Green 4- Green 5- Yellow 6- Brown

1- Indigo 2- Pink 3- Turquoise 4- Light Green 5- Yellow 6- Orange

1- Yellow 2- Brown 3- Red 4- Orange 5- Aqua 6- Green

1- Pink 2- Grey 3- Yellow 4- Green 5- Turquoise 6-Aqua

1- Yellow 2- Pink 3- Red 4- Orange 5- Aqua 6- Green

1- Aqua 2- Indig 3- Dark Blue 4- Light Breen 5- Yellow 6- Orange

1- Red 2- Purple 3- Pink 4- Cream 5- Brown 6- Turquoise

1- Pink 2- Peach 3- Orange 4- Green 5- Yellow 6- Turquoise

1- Brown 2- Light Pink 3- Yellow 4- Orange 5- Aqua 6- Green

1- Green 2- Rose 3- Aqua 4- Red 5- Light Yellow 6- Pink